## VOYELLES OU SONS

a e i o u y
â î ô û ê e é è

## CONSONNES

b c d f g h j k l m
n p qu r s t v x z ç

## MAJUSCULES.

A B C D E F G
H I J K L M N
O P Q R S T U
V X Y Z

## VOYELLES OU SONS

a e i o u y

â î ô û ê e é è

## CONSONNES

b c d f g h j k l m

n p q u r s t v x z ç

## MAJUSCULES.

A B C D E F G

H I J K L M N

O P Q R S T U

V X Y Z

## SYLLABES.

| | | | | | | |
|---|---|---|---|---|---|---|
| ba | be | bi | bo | bu | bé | bè |
| ca | » | » | co | cu | » | » |
| da | de | di | do | du | dé | dè |
| fa | fe | fi | fo | fu | fé | fè |
| ga | » | » | go | gu | » | » |
| ha | he | hi | ho | hu | hé | hè |
| ja | je | ji | jo | ju | jé | jè |
| ka | ke | ki | ko | ku | ké | kè |
| la | le | li | lo | lu | lé | lè |
| ma | me | mi | mo | mu | mé | mè |
| na | ne | ni | no | nu | né | nè |
| pa | pe | pi | po | pu | pé | pè |
| qua | que | qui | quo | quu | qué | què |
| ra | re | ri | ro | ru | ré | rè |
| sa | se | si | so | su | sé | sè |
| ta | te | ti | to | tu | té | tè |
| va | ve | vi | vo | vu | vé | vè |
| xa | xe | xi | xo | xu | xé | xè |
| za | ze | zi | zo | zu | zé | zè |
| ça | ce | ci | ço | çu | cé | cè |

## MOTS.

et, est = é

Bobo, coco, dada, tête, café, jupe, moka, lune, mère, noce, papa, pipe, rôti, rave, salade, tapage, vipère, lazare, reçu, suça, gage, ici, céleri, cène, généralité, gîte, gêne, et.

## PHRASES.

Le papa a du bobo. Ma mère lave sa jupe. Jérome a juré. Luce sera punie. Evite la colère. Va à l'école. Caroline rira de sa bêtise. Le dada va vite. La rave est dure. Ta tête reposa*. La cerise mûrira. Une racine rare. Ta page se salira. Lisa badine. Le favori sera rejeté. Luca ôta la bobine. Ma mère fila. Honoré sera puni. La petite tulipe. La cave est vide. Basile domine à l'école. La civilité est rare. Honoré va à la noce. Le café rare est de Moka. L'équipage de René.

* S entre deux voyelles se prononce Z.

— 4 —

a e i o u é è ê

b c d f g h j k l m n p

qu r s t v x z ç

---

bb cc ff ll mm nn pp rr ss tt

au eau eu œu ei ai ou

## SYLLABES.

| | | | | | | |
|---|---|---|---|---|---|---|
| bau | beau | beu | bœu | bei | bai | bou |
| cau | ceau | ceu | cœu | cei | cai | cou |
| dau | deau | deu | dœu | dei | dai | dou |
| fau | feau | feu | fœu | fei | ffai | fou |
| gau | geau | geu | gœu | gei | gai | gou |
| hau | heau | heu | hœu | hei | hai | hou |
| lau | leau | leu | lœu | lei | lai | lou |
| mau | meau | meu | mœu | mei | mai | mou |
| nau | neau | neu | nœu | nei | nai | nou |
| ppau | peau | peu | pœu | pei | pai | pou |
| qu'au | qu'eau | que | qu'œu | qu'ei | qu'ai | qu'ou |
| rau | reau | reu | rœu | rei | rai | rou |
| sau | seau | seu | sœu | sei | sai | sou |
| tau | teau | teu | tœu | tei | tai | tou |
| vau | veau | veu | vœu | vei | vai | vou |
| xau | xeau | xeu | xœu | xei | xai | xou |
| zau | zeau | zeu | zœu | zei | zai | zou |

## MOTS.

eff ell err ess ett
è è è è è

Beauté, cautère, caisse, accoutumé, rideau, beurre, feu, amadou, fausseté, affaire, foulure, gaule, gaîté, goulu, haute, heureuse, baine, jaune, jeune, laine, louveteau, naseau, efface, belle, nouvelle.

### PHRASES.

Le râteau est beau. Jérôme a du courage. Apolinaire écoutera le papa. Honoré a sali l'eau du cuveau. Adèle écoute sa mère. Le toutou jappe. Le veau sauta le ruisseau. Roubeau a jaugé le tonneau. La meule est neuve. Cette dame est veuve. La messe est dite. Le jeûne est passé. Je donnerai du feu. Je désire de faire ce vœu. C'est ce pélerinage que je souhaite. Cette pelle est belle.

an am en em in, im ain aim
ein on om un eun

———

d'h j'h l'h m'h n'h rh s'h t'h
ch gn ill ph

## SYLLABES.

Ban, can, dan, d'en, fen, gin, jeun,
l'un, mon, nom, pein, rain, s'in, d'ha,
j'ho, l'heu, m'hu, n'hé, rhu, s'hu, tho,
qu'a, qu'un, qui, qu'ou, qu'au, qu'en,
qu'on, qu'in, qu'ain, qu'aim, che, cha,
chou, chon, chain, gno, gnan, gneau,
gnon, illa, ille, illon, illou, illan, phe,
phi, phy, pho.

## MOTS.

J'honore, l'homme, m'honorera,
rhume, t'honora, d'humilité, chanson,
gagna, chignera, caillou, philosophe,
chameau, pignon, bataillon, physique,
bambin, charrette, cancan, fente, engin,
peinture, souverain, l'heure, Thomassin,
quarante, quittance, qu'indique-t-on,
chemin, chapeau, ignorante, oignon.

## PHRASES.

On sale le jambon. Lambin a caché son caillou. Le château domine le hameau. Le cygne nage. Soliman a un beau peigne. D'heure en heure Louison aide sa bonne maman. Qu'est-ce que le péché? C'est une mauvaise chose. Lubin aura un chapeau de paille. Un homme a été dépouillé. C'est une indignité. Paulin ira demain au moulin. Nina fera du bon gâteau. Philippe aura faim. Le cailleteau est tué. La pompe à feu joua le matin. Chacun salua le curé et le vicaire. Le souverain de l'empire ottoman. Théodore est à jeun. La réponse est feinte. C'est une fausseté. Évite cela, mon ami. Ma toile a été peinte à Nancy. J'irai à l'heure dite. L'homme raisonne. Mon rhume est passé. Je désire que l'on fasse de la musique. J'honore mon papa et ma maman. Je m'honore de faire ce qu'on m'a commandé. J'ai vu un philosophe. N'honore que ce qui est digne. Philippeau sauva son camarade.

d'h j'h l'h m'h n'h rh s'h t'h ch
gn ill ph
an am en em in im ain aim ein
on om un eum.

---

ia ya ieu yeu io yo iau iè iai
oui ian ien ion oi oin ui uin

## SYLLABES.

Biai, vian, rien, vieu, vio, loin, cui, Dieu, soin, join, juin, loi, lui, pieu, moi, toi, ssion, tiè, mien, tien, dian, vian, pion, poin, pia, lian, lion, fiè, mio, leu, pain, lei, fai.

## MOTS.

Dieu, lieu, milieu, pioche, miaula, siége, niaise, l'huile, viande, ratafia, chien, pion, moi, coin, juin, piano, cuisse, violon, soutien.

## PHRASES.

Aime Dieu mon ami. Dieu est bon. On donna un piano à Catherine. Julien lira une page. L'essieu s'est cassé. Le chat miaula. Ignace vient de faire une réponse niaise. Madame Louise pense bien. La viande sera bien cuite. Ce chien est à moi. Celui qui honore son père sera honoré lui-même. La fiente du chameau a son utilité. Lucien ramassera la fiente du chameau. La division d'une famille cause bien de la peine. Le besoin chasse la paresse. Le mois de juin a été beau. Donne du pain à celui qui a faim. Dieu t'en récompensera. Un verre d'eau donné au nom de Dieu aura sa récompense. La malignité est une chose indigne.

**raya = rai-ia  pays = pai-is**
**boyau = boi-iau  noyau = noi-iau**

Julien raya une page. Un paysan honnête salue. Paulin essuya sa main. Antoine nettoya un tuyau. Jérôme fera un voyage à Nancy.

ia ya ieu yeu io yo iau iè iai oui
ui ian ien ion oi oin

## VOYELLES.

Ab, ib, ob, ub, ac, ic, oc, uc, ad, id, od, ud, af, if, of, uf, ag, ig, og, ug, al, il, ol, ul, ar, ir, or, ur, (è) eb, ec, ed, ef, eph, eg, el, ep, er, ex.

Au, aug, aul, aur, ou, ouc, oug, oi, oil, oir, ai, air, iè, ief, iel, oul, our, eu, eul, eur, œu, œuf, œur, ui, uif, uir, in, inc, on, onc.

## CONSONNES.

Bl, br, cl, cr, ccl, ccr, dr, fr, ffl, gr, pr, pl, ppl, phl, phr, sp, ps, tr, ttr, thr, sb, sc, squ, scr, scl, sf, sgr, sth, spr.

## SYLLABES.

D'ab, toc, vif, tul, ter, mor, sac, tob, sec, seg, s'aug, mœur, chair, sœur, cœur, gneur, cheur, fleur, fier, veuf, seph, miel, fiel, ciel, tinc, donc, sanc, nheur, pour, juif, bouc, cuir, poil, ccla, phra, spec, ccra, psau, sper, sgra, stho.

## MOTS.

Abcès, objet, actif, Victor, occasion, adversité, sud, vif, zig-zag, cheval, nul, jardin, fournir, Joseph, exemple, augmentera, bouc, Toul, tourne, seul, bœuf, pouvoir, fièvre, relief.

## PHRASES.

Le tableau est brisé. La cloche se fendra. La crème rafraîchit. L'ecclésiastique respectable. Paul s'est accroché. On a rencontré une grande affluence de monde. Isidore fera une grimace. La prière fervente. Le spectacle aura lieu sur la grande place. Cette expression m'indigna. Il a lu un psaume de David. La brusquerie irrite. L'escroquerie est une chose affreuse. Il faut craindre l'esclavage. L'élève qui satisfera son maître en aura l'estime. La disgrace est à craindre. L'homme a un caractère distinctif : c'est l'esprit. Victor tua un lièvre. Ma sœur viendra me voir aujourd'hui.

## DIFFICULTÉS.

*Les lettres qui sont à la fin des mots suivants ne se prononcent pas :*

Plom*b*, taba*c*, blan*c*, jon*c*, ban*c*, chau*d*, lar*d*, fon*d*, gon*d*, sour*d*, haren*g*, poin*g*, lon*g*, ran*g*, san*g*, vin*gt*, almana*ch*, pou*ls*, outi*l*, fusi*l*, bari*l*, dra*p*, lou*p*, cou*p*, côr*ps*, cin*q* francs, monsieu*r*, ju*s*, pu*s*, gen*s*, tapi*s*, Jésus-Chri*st*, instin*ct*; exem*pt*, den*ts*, pai*x*, du ri*z*, noi*x*, poi*x*, voi*x*, une tou*x*, flu*x*, reflu*x*.

---

**et, ets,** *se prononcent* è *à la fin des mots.*

Le préfet. Le projet. Le soufflet. Je soumets. Tu promets un objet.

---

**es** *se prononce* è *à la fin des mots d'une syllabe.*

les, des, ces, mes, tes, ses, tu es

Les merles, des hardes, ces noces, mes pommes, tes cartes, ses saucisses, tu es bon.

---

**ez** *se prononce* é *à la fin des mots.*

Le nez, cultivez, récoltez, calculez, travaillez, moissonnez.

---

**ai** *se prononce* **è** *à la fin des mots.*

**ais, ait, aient,** *se prononc.* **è** *à la fin des mots.*

Le mois de mai, j'ai prié, je prierai, jamais, je plaçais, il causerait, elles douteraient.

---

**g** *suivi de* **e** *et de* **i** *se prononce* **j.**

Ainsi : gea = ja, geo = jo, gean = jan, geais = jais, geon = jon, geai = jai.

Il ménagea, sa vengeance, tu voyageais, nous interrogeons, la mangeoire, le magistrat.

---

**gu** *devant* **e** *et* **i** *a le son dur comme dans*
ga go gu.

La langue, le guichet, la drogue, la guérison, la guimauve, la longueur, la gueule.

---

**ent** *se prononce* **e** *à la fin des mots devant lesquels on peut mettre* **ils, elles.**

Ils chantent, elles mangent, courent, causent, battent, remuent, jouent.

*Le* **t** *a souvent le son de* **s** *devant* ion, ial, ieux, ien,

Comme dans : action, partial, séditieux, patient, égyptien.

---

**sc** *se prononce* **s** *devant* e *et* i.

La science, la discipline, la sciure, le scélérat, la descente, l'ascension.

---

**cc** *se prononce* **x** *devant* e *et* i.

L'accident, l'acceptation, la succession, l'occident, accéder, accès, succès.

---

**x** *se prononce* **z** *dans :* deuxième, dixième.

---

**x** *se prononce* **gs** *dans :* exempt, exact, exemple, exaucer.

---

**ail, eil, œil, euil,** *se prononcent comme dans :*

travail, vermeil, œil, écureuil, bouvreuil.

## RÉSUMÉ GÉNÉRAL.

a e i o u y â ê ô û ệ e é è

Au, eau, eu, œu, ei, ai, ou, an, am, en, em, in, im, ain, aim, ein, on, om, un, eun.

Ia, iau, ieu, iè, iai, io, oi, ian, ion, ien, oin, ui, uin, ab, ib, ob, ub, ac, ic, oc, uc, ad, id, od, ud, af, if, of, uf, ag, ig, og, ug, al, il, ol, ul, ar, ir, or, ur, (è) eb, ec, ed, eph, eg, el, ep, er, ex, aul, oug, aug, eul, air, eur, our, ief, iel, uif, onc.

b c d f g h j k l m n p qu r s
t v x z ç

bb cc ff ll mm nn pp rr ss tt
d'h j'h l'h m'h n'h rh' s'h t'h
ch gn ill ph
bl br cl cr ccl ccr dr fr ffl gr pr pl
ppl phl phr sp ps tr ttr thr sb sc squ
scr scl sf sgr sth spr

Ba, co, du, fi, ga, ja, le, mu, no, pi,
qui, rè, sô, té, ve, xe, zé, eu, ge, gi,
beau, cou, d'œu, fou, gai, jeu, l'eau,
mmeau, nneau, peu, qu'au, sseau, ban.
can, fen, din, gin, jeun, mon, pein, rain,
s'in, d'ha, l'heu, rhu, qu'ou, chou, chain,
gneau, gnan, illon, illou, phe, phy, phi,
pho, biai, via, loin, vio, vieu, Dieu,
juin, join, soi, ssion, mien, pain, fei,
d'ab, vif, mor, sac, s'aug, cœur, juif,
ecla, sfai, scor, struc, splen, scla.

A B C D E F G H I J K L M

N O P Q R S T U V X Y Z

## RÉSUMÉ GÉNÉRAL.

N'oublie pas qu'il faut que tu pries l'Être Suprême. L'essentiel pour l'homme c'est la charité. Je serais riche si j'avais la vertu en partage. Quand Jésus naquit, la sainte Vierge l'enveloppa de langes. Soignez vos devoirs, suivez le bon exemple. Aimez à vous venger par beaucoup de bienfaits. C'est là une belle vengeance. Je dirai la vérité ; c'est un devoir. Les enfants seraient plus instruits s'ils étaient moins légers. Fuyez l'ambition, car l'ambitieux n'a jamais assez. Jésus fit la cène avec ses disciples. Christophe a fait une scène scandaleuse. La patience est une belle qualité. Philippe-Auguste a chassé la nation juive de ses états. Napoléon est mort dans l'exil. J'exige que vous lisiez une deuxième fois. L'histoire des martyrs est fort édifiante. Mon frère a été exempté du service militaire. La jeunesse doit s'attacher à suivre les bons exemples. La semaine de travail est de six jours. Le samedi en est le sixième. On fera exaucer la flèche du clocher. L'occident est le point où le soleil paraît se coucher. L'orient est le point où le soleil paraît se lever. Le chirurgien a mis de l'onguent sur ma blessure. Mes vignes longent les vôtres. Le succès encourage. Cet enfant commence à balbutier. Voici une affaire scabreuse. Le sceptre de Louis seize a été brisé. Les princes devraient craindre les flatteurs. L'histoire des fées est fabuleuse. Les voituriers craignent la descente de cette montagne. Sans discipline, point de progrès dans une école. La grammaire renferme trop d'exceptions. L'écureuil est un beau quadrupède. On appelle quadrupèdes les animaux à quatre pieds. Les raies de nos champs sont couvertes d'eau. Les pluies sont fort abondantes cette année. Le scorpion est un animal dangereux.

Le geolier causa avec les prisonniers. Nous mangeâmes des pigeons. La souris rongea ma veste. Les juges interrogeaient les coupables. Cet homme a une taille gigantesque. Le tribunal correctionnel a condamné un coupable. George a mal à la gorge. Un coup de langue est quelquefois pire qu'un coup de lance. Vous ébourgeonnez vos arbres.

Joseph a une maladie inguérissable. Philippe connaît la longueur et la largeur de son champ. Un chien dogue garde la maison. Cet enfant connaît bien son alphabet. Il faut être discret. Ne remets jamais au lendemain ce que tu peux faire à l'heure même. Adolphe a mangé des beignets. Le père de Théodore est un vieillard respectable. Je vous transmets ma lettre avec un fragment d'histoire. Le chat égratigna cette petite fille. Les manufactures occupent beaucoup d'ouvriers.

## LECTURE COURANTE.

La morale est une science qui nous apprend à faire du bien et à éviter le mal. Elle est gravée dans nos cœurs dès notre naissance.

C'est Dieu, mes enfants, qui a gravé la morale dans nos cœurs, afin que tout homme pût faire le bien. Dieu a mis en nous quelque chose qui nous avertit lorsque nous faisons du bien ou du mal : ce quelque chose se nomme la conscience.

Quand vous faites une bonne action vous êtes gais et contents. Quand vous en faites une mauvaise vous avez de la tristesse et de l'ennui. Faites donc que vos actions vous rendent toujours contents.

Ecoutez les avis de votre conscience, car celui qui ne veut pas l'entendre est un méchant ou le sera bientôt.

---

La conscience a besoin d'être éclairée et bien dirigée. Son meilleur guide est l'instruction ; tandis que l'ignorance est un de ses plus grands écueils.

Evitez donc l'ignorance, mes enfants, et pour cela fréquentez l'école et soyez aussi dociles à la voix de votre maître qu'à la voix de votre papa et de votre maman. En évitant l'ignorance, vous éviterez bien des maux.

Si les oiseaux, par exemple, pouvaient s'instruire comme nous pouvons le faire, ils apprendraient à reconnaître nos pièges et ne seraient pas si sots que de se laisser prendre dans nos sauterelles pour être plumés et mangés.

Vous voyez, mes amis, qu'il faut craindre l'ignorance. Si un jour vous étiez ignorants, il est mille maux que vous ne pourriez éviter. Si au contraire vous avez de l'instruction, ces maux vous sauteront aux yeux et vous les éviterez.

Un jour Jacques donna quinze francs à un homme qui se disait sorcier pour qu'il guérît sa vache. Si Jacques n'eût pas été ignorant, il aurait su qu'il n'y a pas de sorciers, et que ceux qui se donnent ce nom, sont des charlatans qui cherchent à attraper notre argent. Il aurait été chercher un homme instruit dans l'art vétérinaire et sa vache n'aurait pas péri.

**Si** Robert n'avait pas été si ignorant, il n'aurait pas été se mettre sous un arbre pour se garantir du tonnerre, et n'aurait pas été tué. Il aurait su que les arbres attirent le tonnerre.

**Si** Mathias avait été plus instruit, il aurait su que le travail est un devoir pour l'homme, et que la paresse est la source de tous les vices. Il aurait su aussi que celui qui prend des pommes, qui coupe un arbre dans un jardin qui ne lui appartient pas, est bien coupable, et il ne serait pas maintenant en prison.

Comprenez-le bien, mes enfants, l'ignorance est pour l'homme une source de malheurs.

Dieu aime ceux qui ont le cœur droit, et il accorde des récompenses à ceux qui le servent avec fidélité.

C'est une bonne action que de secourir les malheureux.

Nous ne devons pas faire aux autres ce que nous ne voulons pas qu'il nous soit fait.

Aimez votre prochain comme vous-même. Faites-lui, chaque fois que vous le pourrez, le bien que vous voudriez qui vous fût fait si vous étiez à sa place.

Si vous voulez qu'on respecte votre personne et votre propriété, commencez vous-même à respecter votre personne et la propriété d'autrui.

Le pardon des injures et la bienfaisance prouveront votre amour pour le prochain.

Honorez vos parents quels qu'ils soient. N'oubliez pas que c'est d'eux que vous tenez la vie.

Le mauvais fils sera mauvais époux, mauvais père et mauvais citoyen.

Mes enfants, soyez prudents dans vos

paroles, dans vos actions et dans toutes vos démarches.

L'homme qui se livre à l'étude se met à l'abri de l'ennui, et peut se suffire à lui-même dans toutes les occasions.

Quand les hommes perdent l'idée de Dieu, ils se précipitent dans tous les crimes, en dépit des lois et des bourreaux.

Metz. — Imprimerie de S. Lamort.

www.ingramcontent.com/pod-product-compliance
Lightning Source LLC
Chambersburg PA
CBHW060932050426
42453CB00010B/1968